Les politiques s'effacent,

PRENEZ L'INITIATIVE !

Plutôt qu'attendre, Plutôt que demander...

Mircea Matescot

Paru chez BoD - Books on Demand,

du même auteur :

- *La Démocratie et Moi – octobre 2013*

© 2014, Mircea Matescot
Edition : BoD - Books on Demand
12/14 rond-point des Champs Elysées, 75008 Paris
Imprimé par Books on Demand GmbH, Norderstedt, Allemagne
ISBN : 9782322032846
Dépôt légal : Janvier 2014

*Quels sont les
mots de la faim ?*

Vous demandez ?!

Vous demandez, tout d'un coup,
Du jour au lendemain,
Un monde sans mépris, ni dédain ?
Un monde avec un travail pour chacun ?
Un travail pour manger à sa faim ?
Sans crainte pour demain ?

Pas facile.
En s'y méprenant on pourrait,
Et sans trop de difficulté,
Tomber à côté,
Dans l'entonnoir de la démocratie,
Puis dans le puits de l'oubli.
Ce genre d'ajustements, arrivés par à coup,
Faute de mieux,
Au départ ça marche, puis ça s'emballe,
Et puis : ça foire !

A nous le bon vent !

Et pensez-vous que, du jour au lendemain, nous retrouverons l'équilibre ?

Promettre la lune au plus nombreux, habitués à la nouvelle providence,
Celle des états, aujourd'hui encore en puissance,
Ca ne marche plus, car aucun élu ne peut tenir les promesses,
Clamées devant les urnes et devant nos faiblesses.

Ce que l'on craint :

Un peu d'huile sur un feu déjà allumé,
Ici ou là de par le monde ou de par chez nous,
Le spectre d'une menace fatale arrive en trombe :
L'heure est grave et cette fois-ci le couperet tombe,
Celui de la peur, atroce et sans détour.

Peur s'appuyant sur l'irrationnel qui s'apprête à triompher,
Nimbe rebelle du tout maîtrisé.
Le vieux stratagème du pompier pyromane,
Le fossoyeur – sauveur,
Un nouveau Dictateur !

Objectivement, l'heure du changement du paradigme est arrivée.
Mais, comment le dire, comment l'expliquer ?
Comme à l'école, devant des bons élèves ?
Voilà : maintenant le bac approche, fini la trêve,
Pause de loisirs, il est temps que vous trimiez,
Au travail ! Pour espérer une place dans la société !

Ou bien...Comme à la guerre ?
Voilà l'ennemie devant nos portes ! Triste sort.
Couvre feu et vie de caserne, sinon vous êtes morts !

Eh bien, je pense que ça dépend, tous simplement,
De l'histoire qu'on veut que nos enfants
Raconteront à nos petits-enfants.

Car voilà : sur les bases marchandes,
D'un monde riche pour un petit laps, encore,
Quelqu'un nous vendra la salade d'un système *radicalement meilleur*.

Et à la différence de la révolution bolchevique,
S'appuyant sur un zéro économique,
Nous bénéficierons, au départ, d'une base véridique,
Qui, hélas, fondera, et nos espoirs avec, aussi vite.

Imaginez le reste et tout le système : rangé, soumis, centralisé, injuste, égalitaire...

**Voulez-vous y échapper ?
Comment ?**

Eh bien, Réfléchissez !

Bientôt 70 ans sans peste et sans guerre,
L'atmosphère devient un peu délétère !
Ces décennies de vie paisible et souvent à crédit,
Ont affaibli nos réflexes de survie,
Et réveillé notre fantasme d'enfant éternel.

Aujourd'hui notre giron c'est l'Etat
Et son devoir d'amour inconditionnel !
Nous prenons notre baignoire pour un bénitier !

Cessez ce rêve ! Cassez-le !

L'état c'est vous, c'est nous, la somme de nos forces et de nos consciences.
Non pas un jeu de pouvoir et d'arrogances !

Prenons conscience !

Retrouvons notre esprit citoyen et solidaire,
Celui qui nait, naturellement, pendant la guerre,
Notre courage et notre responsabilité !
Apportons la preuve de notre maturité !

Prenez l'initiative

Oublions les gouvernants, les banquiers,
Arrêtons de pester et de vitupérer,
Sur ces boucs émissaires, faiblards, comme nous, déshabillés,
Alibi durable et facile pour notre insuffisante responsabilité !

Gouvernants que nous avons pris en otage, avec nos besoins incessants,
Banquiers que nous avons encouragé à nous prêter pour nos désirs ardents. Commerçants enrichis au gré de nos extravagances.
C'est nous qui avons demandé Byzance !

Prenez l'initiative !

Déclenchez le changement ! Devancez les états !
Emmenez-les à votre pas !
Si ces derniers jouent la carte de votre apparente immaturité,
Comme les parents pressés, auxquels les enfants vont forcement s'opposer,
Montrez-leur votre lucidité et votre volonté !
A leurs programmes électoraux opposez votre programme citoyen !
Ils finiront par comprendre le bon sens commun !

Vous !

Vous, qui avez quelques moyens,
Faites preuve d'esprit solidaire et citoyen :
Arrêtez d'acheter des produits de marque trop chers
Et de manger de cerises en hiver !

De changer vos voitures tous les ans,
Comme si elles n'avaient pas toutes un volant !

De préférer les légumes trop chères d'en bas de chez vous
A celles meilleur marché qui ont du goût,
Sur les étales des marchands hebdomadaires du cru.

Faites réparer vos bottes et vos chaussures,
Vos vélos et vos voitures,
Vos ordinateurs et vos postes télé !
Pourquoi jeter la carcasse pour un seul circuit intégré,
Pour un disque dur ou un port USB ?

Remailler vos bas et vos tissus,
Pourquoi ne pas s'attacher à un objet,
S'il fut, *dès le départ, bien choisi et de qualité* ?
Valable, hélas et également, pour les personnes 'périmées',
Que facilement vous êtes enclin d'abandonner.

Prenez l'initiative

Vous croyez vraiment qu'en passant les vacances d'hiver au soleil
Vous aller enrichir infiniment votre existence et votre taux de vitamine D ?

Mieux faire tourner le tourisme, l'aéronautique et le pétrolier ?

Quid de la neige en hiver dans les Pyrénées ?
Du littoral atlantique et méditerranéen, à la portée du TGV ?
Tout cela, c'est dépassé ?

Les vacances dans la nature simple et apaisante,
Contraire aux cadencés de la ville trépidante,
Et, nous diront-ils, combien performante,
Sont là pour compenser les rouages compliqués,
Que pendant toute l'année nous faisons tourner.

Pensez-vous qu'il y en a trop de cabanes en bois,
Ou d'emplacement pour les tentes,
Dans des coins de rêve, recélés par la nature mirobolante ?
Assez de vélo à louer, des lacs aménagés ?
Des kayacs et des petits voiliers ?
De tables et des chambres d'hôtes rentables, à des prix modérés ?

Réfléchissez un peu :
Que du bonheur et du travail à la clé !

Prenez l'initiative

Pensez-vous vraiment, qu'en tempérant notre fuite en avant,
Nous risquons de tuer notre chère croissance, durablement ?

Quand il reste tant de choses à faire, pour améliorer
Pour rendre nos vies sur terre encore plus *vraies* ?
A travers des activités, rentables, ça va de soi,
Pour les travailleurs, les entrepreneurs, pour les états ?

La croissance va souffrir un peu, dans un premier temps,
Le cran d'un ajustement,
Ce temps nous servira, aussi, à retrouver notre solidarité,
Le respect des choses, du travail qui leur est incorporé,
Ainsi que notre courtoisie et nos civilités.

Nous !

Nous allons prendre de courtes vacances de notre sacrosainte croissance,

Afin de revenir en nous, afin de retrouver les autres,
Notre individualité et la solidarité,
Avec les autres, avec notre métier,
Retrouver l'amour et *la fierté du travail*,
Reconquérir notre identité.

Prenez l'initiative

Apprendre à consommer moins, apprendre à consommer mieux.

Accélérer la conquête de la qualité bon marché,
De la *performance* sans appareil et *généralisée*,
Abandonner les labelles artificiellement forgés,
Redéfinir le luxe sur ses seules qualités, à l'usage avérées.

Les postes de travail ?

Ils vont continuer de migrer vers des nouvelles nécessités,
Et vers l'adaptation des secteurs traditionnels un tantinet surannés.
Déjà émergeants, il suffit de les encourager,
Et l'énergie y sera spontanément dirigée.

L'envie de ça, et l'argent ?

L'envie, faut la chercher, soi-même, non pas la demander,

L'argent, de nos jours, se laisse demander.
Il dort dans un couffin en or massif,
Ou plutôt dans des fichiers électroniques oisifs.
Comment le débloquer ?
En portant sans relâche des projets innovants,
Courageusement, sans rechigner, sans pleurnicher,

Et sans attendre, ni temps meilleurs, ni que sa tombe du ciel !

Comment rendre les nouveaux projets crédibles et rassurer ?

Par la ténacité, en forçant le consensus sur la nécessité de changer de direction,
Par la solidarité entre forts et affaiblis, entre lions et fourmis,
Les fortunés, comme les laissés pour compte du pouvoir temporel,
D'un seul élan, mous par notre devoir de survie, éternel !

Solidaires pour un OUI et non pas pour un non !

Prenez l'initiative !

En entreprise,

Dans votre plus ou moins choisi travail,
Nettoyer le temps journalier de ce bercail,
De toutes les haines, les jalousies et les luttes de pouvoir.

Ayez le courage de donner l'exemple, stoïque, du devoir,

Librement consenti, de faire un bon travail, pour vous d'abord,
Soigné et innovant, non pas pour le chiffre, ni pour le record.

Ainsi renaîtra l'amour pour son travail et tout l'élan,
Qui, à lui tout seul, changera la donne, de but en blanc.

Aussi vous obligerez les autres de suivre votre sérieux,
D'arrêter de tirer au flanc, de critiquer et de tourner en rond.
De se débusquer. Se mettre à nu, sur un clair fond,
Se responsabiliser et faire supprimer les taches futiles,
Diminuer la distance hiérarchique, faire sauter un maillon inutile,
Et le remettre à une place plus valorisante et active.

En société,

Baptisé sèchement volet social,
Comme un accessoire de votre maison travail,
Que l'on va marchander comme du bétail,
Dans des salons et sur des places publiques,

Jamais d'accord car trop pudiques,
Pour dire qu'il s'agit là de notre travail et nos économies,

D'un bien commun dont *nous* avons la charge et le devoir de nourrir et de le maintenir.

Pas que les autres, car les autres sommes-nous !
Ainsi parlant de solidarité,
L'effort doit venir de tous, plus ou moins fortunés.
L'effort ? C'est le travail passé, présent et à venir,
Mais aussi la manière de dépenser l'argent :
Socialement engagé et pour des biens durables,
Qui à leur tour créeront notre avenir plus stable.

Le travail passé, c'est l'argent d'aujourd'hui,
Le travail actuel, c'est l'argent pour demain.
L'argent d'aujourd'hui ne sert pas qu'à être dépensé,
Mais aussi pour innover, rénover et renouveler !

Réclamer de l'argent avant tout ? Bientôt superflu,
Car on l'a vu, il n'y en a plus,
Tout au moins par chez nous.
Il se trouve maintenant chez les fourmis,
Regardez vers l'Asie.

La notion du travail frôle, pour une partie d'entre nous,
L'image d'une quelconque punition, voir de la honte, de la gadoue.
Est-ce parce que d'aucuns en ont ramassé,
A la pelle, dans une journée,
Sous couvert de nos bienveillances et de notre crédulité ?

Prenez l'initiative

Oui, le travail, toujours le travail,
Est-ce parce que nous l'avons dévalorisé,
Devant l'abondance, aujourd'hui épuisée ?
Qu'importe, force est de constater
Que nous sommes là : à nous-mêmes abandonnés !

Prenons l'initiative !

Retrouvons le chemin du travail, sans mépris ni dédain !

Que les nantis d'aujourd'hui jettent la première pierre,
Qu'ils estompent leur luxe et solidaires,
Injectent du capital directement dans le travail,
Que nous demandions sans détour ni casse,
Par les banques, les états et j'en passe !

En politique,

Prenez l'initiative, politiciens des tous bancs !

Suivez jusqu'au bout les intérêts de la nation,
Sans penser aux prochaines élections !

Tachez de bâtir un réel consensus,
Opposition constructive, réalisme en sus !

Sur la planète, Prenez l'initiative,

Peuples asservis par des tyrans intraitables et impénitents,

N'attendez pas que les enjeux des plus forts intendants,
Justifient une action militaire,
Pour arracher votre mal et vous être salutaires.

Faites le ménage vous-même, pacifiquement et sereins,
Et vous aurez le soutien des autres peuples souverains !

Prenez une position *plus tôt*, institutions mondiales, et qui de droit,
Témoins, ici de l'arrogance, là des errances d'untel état,
D'une monde de plus en plus étroit.

Etats puissants,

Prenez *plutôt* l'initiative, car,
En attendant s'accumuler les dettes,
Les ignominies, puis les courbettes,
D'untel état, mauvais sujet,
Juste pour servir les intérêts,
C'est le cas de le dire, des banques,
Puis des *cavaliers* des énergies fossiles,
Et puis des industriels des tanks et bombes,
Vous ne faites que bien creuser leur tombe !

Le sommeil de la raison, comme celui de la nation,
engendre ...

Si non ...

Les élus, quels qu'ils soient, vous demanderont de faire à peu près la même chose que ce que je vous propose dans ce billet mais, sous la contrainte et vous le savez, comme moi, ça marche nettement moins bien.

Surtout, il sera trop tard pour choisir, trop tard pour refuser. Le temps du choix, que l'on appelle aussi *Démocratie, a,* comme toutes les choses, *a priori*,* un début et une fin.

Ce moment arrivé, une partie d'entre nous voudra bien se plier à la contrainte, encore une fois, en faisant le choix d'une sortie par le haut, par le travail, acharné, voir, à ce stade-là, titanesque. Mais l'autre partie, d'un côté ceux qui n'ont plus rien à perdre, de l'autre côté ceux qui ont trop à perdre, n'accepteront pas *la contrainte* et sèmeront le chaos.

S'ensuivront césars, assassinats, puis implosions et invasions barbares.

(*) Voulez-vous combattre les a priori ?